Quart Verlag Luzern Anthologie 36

am-architektur

T0307832

am-architektur
36. Band der Reihe Anthologie

Herausgeber: Heinz Wirz, Luzern
Konzept: Heinz Wirz; am-architektur, Lenzburg
Projektleitung: Quart Verlag, Antonia Wirz
Lektorat: Kirsten Rachowiak, München
Fotos: Frédéric Giger, Basel S. 3; Thomas Hämmerli,
Gondiswil S. 6–8; Gilles Guignard, Aarau S. 11–17, 27 oben;
Jörg Amweg, Lenzburg S. 25, 27 unten; Michael Haug, Winterthur
S. 19–23; IMAG Kanton Aargau, René Rötheli, Baden S. 29–35;
Bruno Meier, Sursee S. 37–41; Janine Pfister, Lenzburg S. 44
Grafische Umsetzung: Quart Verlag, Antonia Wirz
Lithos: Printeria, Luzern
Druck: DZA Druckerei zu Altenburg GmbH

English translation available at:
www.quart.ch

Quart Verlag GmbH
Denkmalstrasse 2, CH-6006 Luzern
www.quart.ch

Anthologie 36 – Notat

Heinz Wirz

Nach zwölf Jahren ist diese Buchreihe über junge Schweizer Architekten bis zum Band 36 angewachsen. Etliche der in der Reihe vor-
gestellten Architekten wirken in den grösseren Städten der Schweiz,
wo gewissermassen das architektonische Biotop besonders fruchtbar
ist. Uns interessiert jedoch auch, was in den Gegenden ausserhalb
der grossen Agglomerationen entsteht. Die ambitionierten Architekten sind hier oft herausgefordert, aufgrund der einengenden,
konservativen Baugesetze und der verschärften ökonomischen
Rahmenbedingungen pragmatisch und beharrlich zu agieren.

So arbeitet das in Lenzburg, einem historischen Städtchen in der
Nähe von Aarau, domizilierte Team um André Meier seit 2003
kontinuierlich an einem Werk, das in der Moderne begründet ist
und sich mit seiner soliden Art im Siedlungsgemisch des schweizerischen Mittellandes behauptet. Beim 2004 fertiggestellten Einfamilienhaus in Teufenthal sind zwei architektonische Themen eng
mit der Nutzung verbunden: Der kontinuierliche Weg durch das
Gebäude holt den Bewohner ohne Umwege ab und führt ihn von
Raum zu Raum bis zum entferntesten Ort des Gebäudes. Die
Innenräume wiederum sind eng mit den sorgfältig strukturierten
Aussenräumen verwoben, sodass ein nahe an der Nutzung ori-
entiertes organisches Raumkontinuum entsteht.

Neun Jahre später entsteht mit der Wohnüberbauung Widmi in
Lenzburg eine farbenfrohe Anlage. Das Thema des Raumkontinuums
erscheint hier – in anderer Art – wieder: Wie Perlen an einer Kette
sind die wohnlichen Loggien rhythmisch aneinandergereiht. Räume,
Farben, Materialien greifen ineinander und lassen die Anlage zu
einem fröhlichen symphonischen Ganzen werden und machen
vergessen, dass wir uns hier in einem architektonischen Allerlei
irgendwo im schweizerischen Mittelland befinden.

Luzern, im September 2016

Einfamilienhaus, Teufenthal
2004

Der zurückgestufte dreigeschossige Baukörper steht wie eine kleine Burg am steilen Westhang. Als letztes Gebäude einer Reihe weiterer schliesst dieses die Baulücke zum hangseitigen Wald und prägt so den Siedlungsrand. Das lehmfarbene Haus lässt von der Strasse keinen Einblick zu. Eine grosse Öffnung in der Fassade verweist auf den Zugang. Die Nebenräume im Sockelgeschoss bleiben dem Besucher hinter dicken Betonmauern verborgen. Vom höhlenartigen Eingangsraum führt eine Treppe nach oben ins lichtdurchflutete Wohnzimmer. Der Ausblick ins Tal bleibt dabei verwehrt. Die grossen Schiebefenster gegen die mit breiten Brüstungen gefasste Terrasse erlauben einen nahtlosen Übergang zwischen Innen- und Aussenraum. Der massive Küchenkorpus definiert die räumliche Unterteilung des Ess- und Wohnraums. Hinter der Küche führt eine schmale Treppe ins Schlafgeschoss nach oben. Das oberste Geschoss mit Schlafzimmer, Bad und einem Büroraum wird vom Cheminéeblock getragen und schiebt sich in den Aussenraum. Während das helle Arbeitszimmer sich auf die Terrasse gegen das Tal öffnet und dem Schlafzimmer den Blick auf den Wald ermöglicht, erhellt ein grosses Oberlicht das Badezimmer. Alle Ausblicke werden von den Raumgeometrien unterstützt. Das Materialkonzept ist schlicht: Decken und Wände aus roh belassenem Beton und gestrichene Zementböden kontrastieren zu den dunkel lasierten Holzfenstern, den Nussbaummöbeln sowie den gestrichenen Holzwerkstoffplatten. Die reliefartig geschalte Cheminéewand bildet einen Kontrast zu den ansonsten glatten Betonoberflächen.

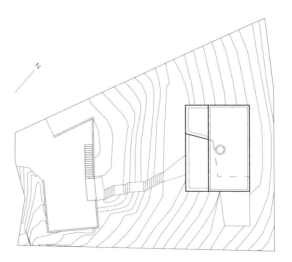

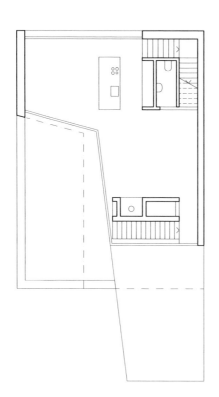

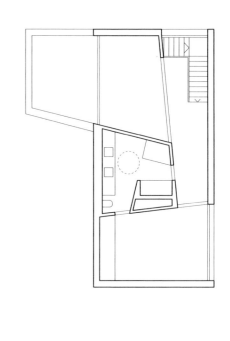

5 m

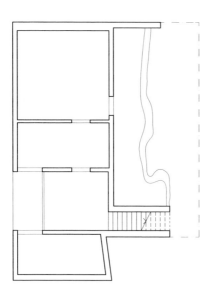

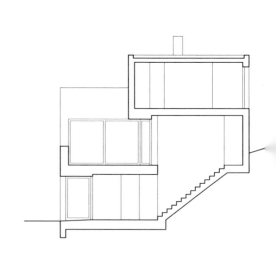

8

Einfamilienhaus, Boniswil
2008

Hoch über dem Hallwilersee thront ein wohlproportioniertes kubisches Einfamilienhaus am steilen Hang. Geschickte Verschränkungen mit dem Terrain ermöglichten es, die Hanglage optimal auszunutzen. So formt sich im Eingangsgeschoss ein Garagenkörper in Richtung Tal aus. Er bildet zusammen mit der dem Terrain folgenden diagonalen Stützmauer einen kleinen Eingangshof. Im zuoberst liegenden Wohngeschoss schiebt sich die Terrasse wie eine Schublade aus der Loggia heraus in den Hang.

Über eine seichte Treppe entlang dem vorgeschobenen Garagenkörper betritt man unter einem schmalen Gebäudevorsprung den grosszügigen Eingangsbereich. Im ersten Obergeschoss liegen die zellenartigen Schlafräume und die Nasszelle. Im zweiten Obergeschoss öffnet sich das Raumkontinuum zu einer offenen Fläche mit allseitigem Ausblick. Hier befinden sich der Wohn- und Essbereich mit der Küche und die Loggia. Im Inneren des Hauses ist die Erschliessung das formende Element, welche die Geschosse bergseitig verbindet und so ein spannendes Spiel zwischen Hell und Dunkel erzeugt. Während die grossen, fest verglasten Lochfenster mit schmalen Lüftungsflügeln im Schlaf- und Wohngeschoss einen optimalen Ausblick zum See auf der Südostseite bieten, liegt zuoberst hangseitig im Westen eine Loggia, welche das Abendlicht einfängt.

Das Haus schmiegt sich mit seiner an den See erinnernden wasserblauen Fassadenfarbe ganz natürlich an den grünen Hügelzug.

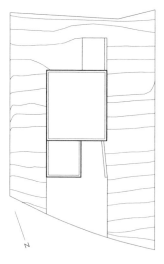

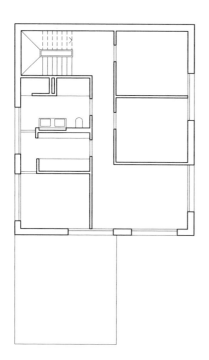

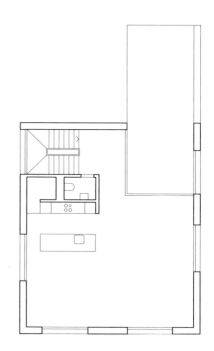

5 m

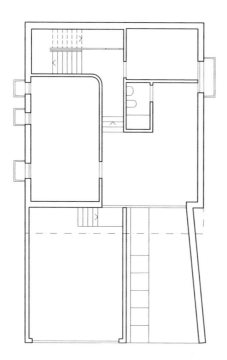

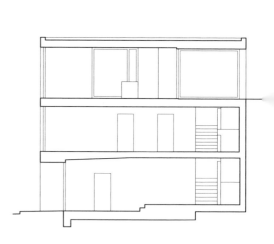

12

Mehrfamilienhaus, Lenzburg
2014

Die Bahnhofstrasse in Lenzburg gilt als Sondernutzungszone und ist für ein verdichtetes städtisches Bauen vorgesehen. Hier wurde ein mehrstöckiges Wohnhaus realisiert, welches trotz der zentralen Lage ein ruhiges Wohnen mit Ausblick auf das Schloss Lenzburg und den grünen Goffersberg ermöglicht. Während das Grundstück an drei Seiten von Bauten umgeben ist, bleibt gegen Süden die Sicht über das Unterstufenzentrum Angelrain offen.

Zwei Untergeschosse beherbergen Technik und Tiefgarage, Erd- und drei Obergeschosse fassen insgesamt acht Wohnungen. Zuoberst liegt eine Attikawohnung mit grosszügiger Terrasse. Durch das Zurücksetzen der Verglasung entstehen Loggien gegen Süden, welche den Strassenlärm abhalten und gleichzeitig Privatsphäre zulassen. Ein kräftiger Einschnitt ins Volumen markiert den Gebäudezugang im Norden. Das Treppenhaus mit einem grossen Oberlicht wurde in rohem Beton belassen und wirkt aufgrund der goldfarbenen Treppengeländer edel und warm. Die abgerundeten Ecken des Kubus und die erdige Tonigkeit der Fassadenfarben lassen den Baukörper im dicht bebauten Quartier weich und elegant erscheinen.

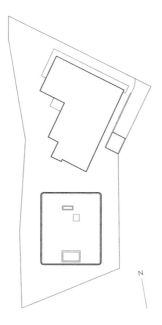

Work reports on young architects

am-architektur

Quart Publishers **Anthology 36**

Anthologie 36 – Notat
Heinz Wirz

Over a period of twelve years, this series of books has grown to include 36 volumes. Many of the young Swiss architects presented in the series work in major Swiss cities, where the architectural "biotope" is especially fruitful. However we are also interested in what is created outside the major agglomerations, where ambitious architects often face the challenge of working with patience and persistence despite constricting, conservative building laws and sometimes strong resistance from the local population.

Since 2003, the team around André Meier based in Lenzburg, a small historical town near Aarau, has been continuously developing an oeuvre that has its foundations in Modernism and has prevailed with its solid nature in the plethora of Swiss Plateau settlements. In its designs, a special emphasis is placed on the buildings' utilisation. For instance in the case of the single-family home in Teufenthal, which was completed in 2004, two architectural themes are closely connected to its use: a continuous route through the building receives the residents without any detours, leading them room by room to the farthest part of the building. The interior rooms are also closely interwoven with the carefully structured exterior spaces, creating an organic spatial continuum that remains closely orientated towards its use.

Completed nine years later, the Widmi residential development in Lenzburg is a colourful estate. The theme of the spatial continuum reappears in a different guise: through the rhythmic rows of homely loggias resembling a string of pearls. Spaces, colours and materials interact to produce the joyful, symphonic unity of an estate that seems to deny the fact that it is situated in a region of architectural potpourri somewhere on the Swiss Plateau.

Lucerne, September 2016

Single-family home, Teufenthal
2004

The recessed three-storey building stands like a small castle on the steep western slope. The last building in a row of other houses, it closes the gap to the wood on the slope side and thereby characterises the settlement perimeter. The clay-coloured building allows no views into it from the street. A large opening in the façade announces its entrance. The auxiliary rooms on the base level remain hidden from visitors behind thick concrete walls. From the cave-like entrance, a staircase leads upwards to the living area, which is bright with natural light. However, no view of the valley is provided. The large sliding doors towards the terrace framed by broad balustrades allow the smooth transition from the interior to the exterior spaces. The massive kitchen area defines the spatial partition of the dining and living area. Behind the kitchen, narrow stairs lead to the bedroom level. The top floor with a bedroom, bathroom and an office is supported by a chimney block and protrudes into the exterior space. While the bright office opens up towards the terrace and the valley, the bedroom looks upon the woods and a large skylight provides natural daylight for the bathroom. All views are enhanced by the geometry of the rooms. The material concept is simple: ceilings and walls of raw, untreated concrete and a painted cement floor contrast with the dark, glazed wooden windows, the walnut furniture and the painted wooden composite boards. The relief-like form-worked chimney wall contrasts with the otherwise smooth concrete surfaces.

Single-family home, Boniswil
2012

High above Lake Hallwil, a well-proportioned cuboid single-family home resides on the steep slope. Clever interlocking with the terrain allows it to use the hillside location ideally. For instance on the ground floor, a garage volume is shaped out towards the valley. Together with the diagonal supporting wall that follows the terrain, it forms a small entrance courtyard. On the top floor, the terrace slides out of the loggia like a drawer into the slope.
A shallow staircase along the projecting garage volume provides access to the spacious entrance area beneath a narrow canopy. The cell-like bedrooms and

sanitary areas are situated on the first floor. On the second floor, the spatial continuum opens out into an open space with an all-round view. It includes the living and dining area with the kitchen and loggia. Inside the house, access is the forming element that connects the floors on the slope side, thereby creating an exciting interplay of light and darkness. While the large, fixed glazing of the punch windows with narrow ventilation wings in the bedroom and living floors provide an ideal view of the lake to the southeast, a west-facing loggia at the top catches the evening light.

The building with its watery blue colour recalling the lake is inserted in a very natural way into the green hillside.

Apartment building, Lenzburg
2014

Bahnhofstrasse in Lenzburg is regarded as a special use zone and is planned for dense urban development. A multistorey apartment building has been erected there that enables peaceful living despite the central location, with a view of Lenzburg Castle. While the property is surrounded by buildings on three sides, it remains open towards the south since it overlooks the Angelrain lower secondary school.

Two basement floors accommodate the technology and underground car park, while the ground and three upper floors comprise a total of eight apartments. At the top, there is a loft with a spacious terrace. The recessed glazing creates loggias towards the south, keeping the street noise out and also providing privacy. A powerful incision into the building volume marks the building entrance in the north. The stairwell with a large skylight is left in fair-faced concrete, its golden coloured railings creating an elegant, warm effect. The rounded corners of the cube and the earthy clay-like façade tones give the building a soft, elegant appearance in the densely developed quarter.

Widmi Baufeld 1 residential development, Lenzburg
2013

Only a few steps away from Lenzburg's old town, two four-storey buildings have been erected with a total of 74 apartments and a view of the castle and Widmi Park. Between the buildings, the diagonal alignment of the western development creates a funnel-shaped main urban space that opens out towards the south and invites people to play and gather. The apartment entrances face that courtyard are. While the buildings have an almost rigid, angular appearance towards the street and the park in the west, the courtyard façade lines are broken. The important view towards Widmi Park is provided by a spacious incision. The bright rented apartments with a range of sizes from 1.5 to 5.5 rooms are accessed using seven staircases. Their natural lighting creates a reference to the nearby surroundings. The exterior spaces of the apartments are designed as loggias and also face the collective yard space, thereby encouraging communal living. The apartments on the ground floor are designed as a mezzanine opposite the courtyard, while the private garden space can be entered at ground level. Beneath the courtyard, there is an underground car park. A tree pit creates a visual connection from the underground car park to the courtyard. The opening for the trees facilitates ventilation and lets natural light shine in. The residential development was built according to the Minergie standard, with a photovoltaic system and FTTH cable connection.

Alesa production facility, Seengen
2008

The tools factory, which operates worldwide, received a striking three-storey extension building in the centre of the village in which its headquarters are situated. Taking the requirements of Cantonal monument preservation authorities into account, a finely structured, sculptural building was erected between the production halls and the office building to accommodate additional production facilities. Its large-scale glazing ensures ample natural light for the rooms and modern industrial workplaces. This precise, transparent spatial structure reflects the high-quality work of the company and its Swiss production location. In the new building, in addition to the colourful design of the production site, significant infrastructure facilities were also planned, including offices, meeting rooms, a training centre and an ecological woodchip heating system with cogeneration for the nearby restaurant/hotel. The basement houses the building technology and an underground car park. The upper level is wheelchair accessible. A physiotherapy and gym centre, as well as an innovative start-up business, ensure diverse building utilisation.

The solid construction method with an integrated steel structure must support use loads of up to 1.5 t/m^2 without vibrations. The metal façade is joined. The windows appear to be large cut-out areas. The "sharp", precise incision edges between the window space, façade and joints create a reference to the effect of the metal cutting tools produced inside the building.

Prison renovation, Lenzburg
2009–2016

The star-shaped building of the prison was opened in 1864 and required continuous adaptation to the requirements of the time. Practical experience and technical advances (especially with respect to security) led to numerous improvements, the extension of the prison building, as well as the demolition of formerly important elements of the overall facility. It originally consisted of a panoptical main building with five wings of different lengths, two individual exercise courtyards, two warehouses and the security wall around the entire facility, including a gatehouse.

To allow the "five-pointed star" of Lenzburg prison, which was designed by the architect Robert Moser, to remain open, the Canton of Aargau implemented the nationally required minimum standards for the building, refurbishing it in stages and carefully renovating it.

The former business spaces in the main buildings were converted into waiting rooms. The cells were reinstalled and furnished, while the windows were enlarged. Between the cell wing and the main building, finely structured glass endings were installed that provided views from the central area to the main building, restoring the original idea of visual surveillance. In close collaboration with the Cantonal monument preservation authorities and the operators, an interior and exterior colour concept was developed based on original findings.

Former prison painting workshop, Lenzburg
2015

Beside the "panoptical star", the architect Robert Moser also erected two warehouses with a courtyard in front of the administrative wing of the prison. Before their renovation, the two original "raw material stores" were operated as a tailor's and painter's workshop. Since both new spaces were retained in the new development, one of the warehouses could be converted into a multifunctional group space. Inside, it was gutted, revealing the exterior walls and the building's beams. That made it unnecessary to install ventilation systems. The old ceiling beams contrast with the white of the walls and the ceiling cladding. Benches were inserted into the old wall niches. The dark cast floor gives the room support and dignity. The façade was restored to its original colour for monument preservation reasons.

Prison greenhouse with a processing hall, Lenzburg
2009

The new greenhouse replaces the much too small original building erected in 1952. Numerous technical requirements, such as access for agricultural vehicles and a clear grid that was enhanced by a rational solution in the steel construction, led to an elegant, calm building with a length of 105 m and a breadth of 16 m.

Office building, Malters
2015

The 34 ha company grounds of the horticultural business Hodel & Partner is situated on an open field along the Cantonal road from Littau to Malters. The previous locations of the office, warehouse, yard and tree nursery are brought together at the new location.
The office building, which is surrounded by a park facility, presents itself as a tall, temple-like garden house. A two-storey, narrow, elongated office building is inserted beneath the roof supported by columns. It is recessed along the entire latitudinal side, creating shade for the arcade area towards the south.

The building's colour allows it to merge ideally with the surroundings. The open, vertical wooden formwork in brown-grey and the façade paper behind it in orange makes the expression of the building change depending of the perspective and distance from which it is observed, as well as the angle of the sun.

As a gardening company, the client insisted on an ecological and energy-efficient timber construction. The use of materials has a direct connection to the business. In addition to the exterior wooden appearance, materials inside were also deliberately used in an untreated condition. For instance the "Brettstapel" packed wooden ceilings and the OSB board planked walls are merely varnished and the cast flooring is left as untreated as possible. The clear building structure and the simple materials lead to an impressive overall image for the building in the garden park.

Quart Publishers Ltd., Heinz Wirz
Publishers for Architecture and Art
Denkmalstrasse 2
CH-6006 Lucerne
Telephone +41 41 420 20 82
www.quart.ch, books@quart.ch

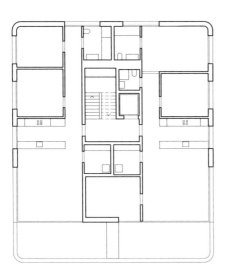
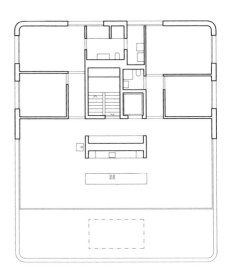

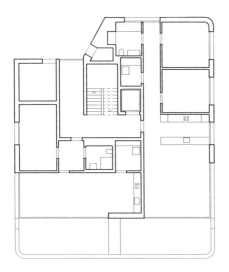
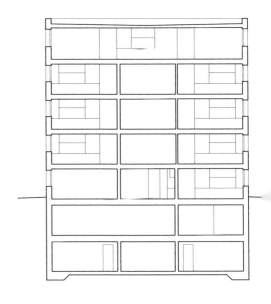

5 m

16

Wohnüberbauung Widmi Baufeld 1, Lenzburg
2013 (Wettbewerb 2009, 1. Rang); Realisierung mit Gross GU

Nur wenige Schritte von der Lenzburger Altstadt entfernt liegen zwei viergeschossige Bauvolumina mit insgesamt 74 Wohnungen mit Ausblick auf das Schloss und den Widmi-Park. Zwischen den Baukörpern entsteht aufgrund der diagonal ausgerichteten Positionierung des westlichen Gebäudes ein städtischer Hauptraum in Trichterform, welcher sich gegen Süden öffnet und zum Spielen und Verweilen einlädt. Die Wohnungseingänge liegen zu diesem Gassenraum. Während die Baukörper gegen die Strasse im Westen und den Park im Osten beinahe rigide und kantig wirken, sind die Hoffassaden mehrfach geknickt, die Fassadenfluchten gebrochen. Den wichtigen Blick zum Widmi-Park ermöglicht ein grosszügiger Durchbruch. Die hellen Mietwohnungen mit einem Wohnungsspiegel von 1,5 bis 5,5 Zimmern werden über sieben Treppenhäuser erschlossen. Deren natürliche Belichtung stellt einen Bezug zur näheren Umgebung her. Die Aussenräume zu den Wohnungen sind als Loggien ausgebildet und richten sich ebenfalls gegen den kollektiven Gassenraum aus. Dies fördert das Zusammenleben. Die Wohnungen im Erdgeschoss sind gegenüber dem Hof als Hochparterre ausgebildet, während der private Gartenraum ebenerdig betreten werden kann. Unter dem Hof befindet sich die Tiefgarage. Eine Baumgrube stellt eine visuelle Verbindung von der Tiefgarage zum Hof her. Diese Öffnung für die Bäume begünstigt die Lüftung der Tiefgarage und lässt dort natürliches Licht eindringen. Die Wohnbauten wurden im Minergiestandard und mit einer Fotovoltaikanlage erstellt.

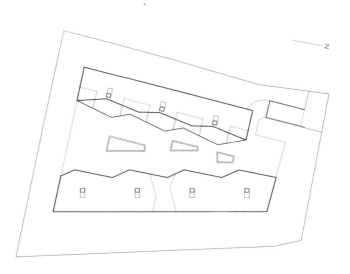

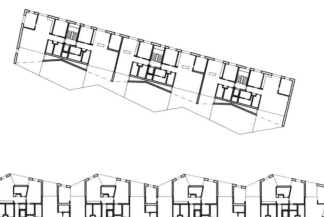

20 m

5 m

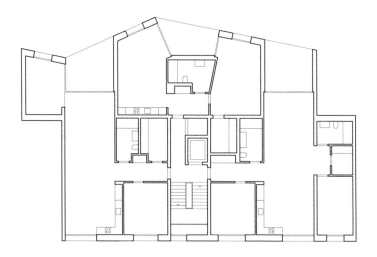

10 m

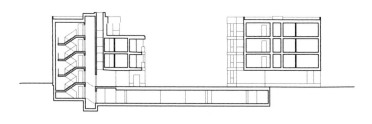

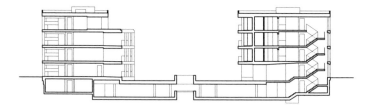

Produktionsgebäude Alesa, Seengen
2008; Bauprojekt mit archimetra

Die weltweit tätige Werkzeugfabrik erhielt einen markanten dreige-
schossigen Erweiterungsbau mitten im Dorf, in dem sich der Firmen-
hauptsitz befindet. Unter Berücksichtigung der Anforderungen der
Kantonalen Denkmalpflege entstand zwischen den bestehenden Pro-
duktionshallen und dem Bürogebäude ein feingliedriger skulpturaler
Baukörper, in dem die neuen Produktionsstätten untergebracht sind.
Ihre grossflächigen Verglasungen sorgen für lichtdurchflutete Räume
und moderne Industriearbeitsplätze. Dieses präzise und transparente
Raumgefüge spiegelt die qualitätsorientierte Arbeit der Unternehmung
am Werkplatz Schweiz wider. Im Neubau wurden neben der farben-
frohen Gestaltung des Produktionsplatzes auch wesentliche infrastruk-
turelle Anlagen eingeplant, so zum Beispiel Büros, Besprechungsräume,
ein Schulungszentrum und eine ökologische Holzschnitzelheizung mit
Wärmeverbund zum nahe gelegenen Restaurant/Hotel. Im Unterge-
schoss befindet sich neben der Haustechnik eine Tiefgarage. Das Obergeschoss ist rollstuhlgängig erschlossen. Ein Physiotherapie- und Fitness-
zentrum zum einen und ein innovatives Start-up-Unternehmen zum
anderen führen zu einer vielseitigen Gebäudenutzung.
Im Massivbau mit integrierter Stahlkonstruktion muss die Konstruktion
schwingungsfreie Nutzlasten bis zu 1,5 t/m² aufnehmen. Die Metallfassade
ist gefügt. Die Fenster wirken wie grosse ausgeschnittene Felder. Die
«scharfen», präzisen Schnittkanten zwischen Feld, Fassade und deren
Fugen stellen einen Bezug zur Wirkung der im Innern produzierten
Metallschneidwerkzeuge her.

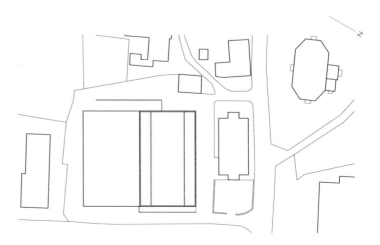

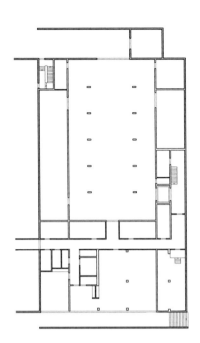

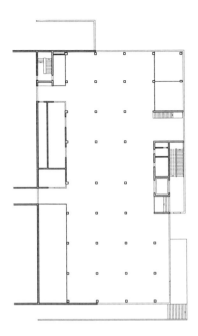

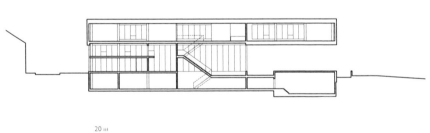

20 m

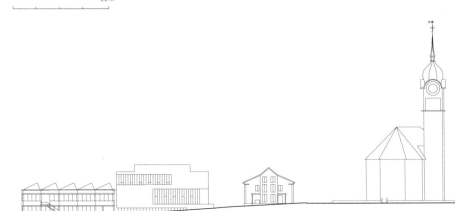

Sanierung Justizvollzugsanstalt (JVA), Lenzburg
2011–2016; mit Baumann Waser Partner

Der sternförmige Bau der Strafanstalt wurde im Jahre 1864 eröffnet und es bedurfte fortwährender Anpassungen an die Anforderungen der Zeit. Die Erfahrungen aus der Praxis und der Fortschritt der Technik (insbesondere der Sicherheitstechnik) führten zu zahlreichen Verbesserungen, zur Erweiterung der Anstaltsgebäude, aber auch zu Abbrüchen ehemals wichtiger Elemente der Gesamtanlage. Sie bestand ursprünglich aus einem panoptischen Hauptbau mit fünf unterschiedlich langen Flügeln, zwei Einzelspazierhöfen, zwei Lagerhäusern und der das Ganze umschliessenden Sicherheitsmauer mit eingebautem Torgebäude.

Damit der von Architekt Robert Moser erbaute «Fünfstern» der JVA Lenzburg weiter betrieben werden konnte, setzte der Kanton Aargau die vom Bund gestellten baulichen Mindestanforderungen an das Gebäude um, woraufhin dieses etappenweise saniert und behutsam renoviert wurde.

Die einstigen Gewerberäume in den Kopfbauten wurden zu Aufenthaltsräumen umgebaut. Die Zellen wurden neu installiert und möbliert, die Fenster wurden vergrössert. Zwischen dem Zellentrakt und dem Kopfbau wurden feingliedrige Glasabschlüsse eingesetzt, welche den Durchblick vom Zentralraum zum Kopfbau ermöglichen und so wieder der ursprünglichen Idee der visuellen Überwachung gerecht werden. In enger Zusammenarbeit mit der Kantonalen Denkmalpflege und dem Betreiber wurde anhand von Befunden ein inneres und äusseres Farbkonzept entwickelt.

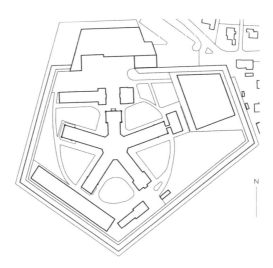

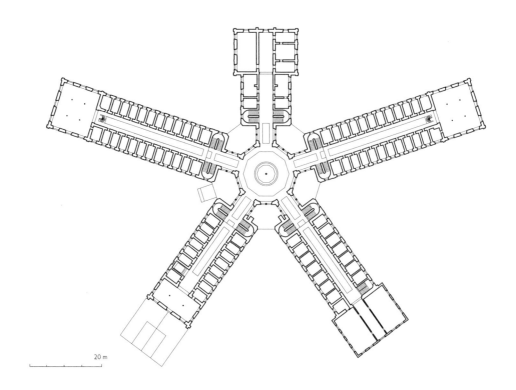

20 m

1 m

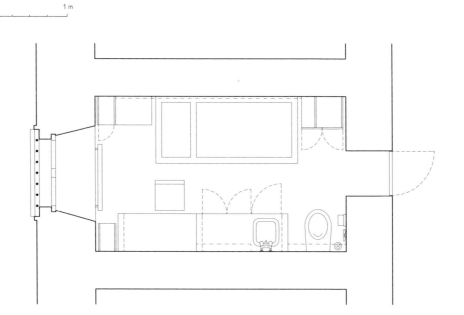

30

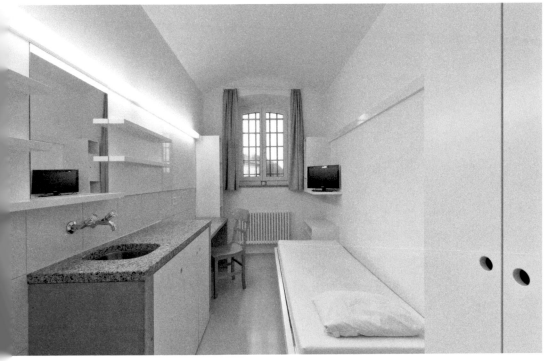

Alte Malerei (JVA), Lenzburg
2014; mit Baumann Waser Partner

Architekt Robert Moser errichtete neben dem «panoptischen Fünf-strahler» auch die beiden Lagerhäuser mit Hof vor dem Direktions-flügel der Strafanstalt. Die beiden ehemaligen «Magazine für Rohstoffe» wurden vor der Sanierung als Schreinerei und Malerei betrieben. Da die Malerei neue Räumlichkeiten im Neubau erhielt, konnte eines dieser Lagerhäuser zu einem multifunktionalen Gruppenraum umgestaltet werden. In seinem Innern erfolgte eine Entkernung, sodass die Aussen-wände und das Gebälk freigelegt wurden. Daher konnte auf den Ein-bau von Lüftungsanlagen verzichtet werden. Das alte Deckengebälk steht im Kontrast zum Weiss der Wände und der Deckenverkleidung. In die alten Wandnischen wurden Sitzbänke eingearbeitet. Der dunkle Gussboden verleiht dem Raum Halt und Würde. Die Fassade wurde unter denkmalpflegerischen Aspekten in das ursprüngliche farbliche Erscheinungsbild zurückgeführt.

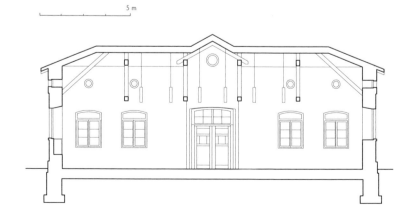

5 m

Gewächshaus mit Verarbeitungshalle (JVA), Lenzburg
2009

Das neue Gewächshaus ersetzt das im Jahr 1952 erbaute, für die heutigen Bedürfnisse, viel zu kleine Gebäude. Aufgrund der zahlreichen technischen Voraussetzungen wie Zugänglichkeit mit Landwirtschaftsfahrzeugen und die klaren Raster, welche durch eine rationelle Lösung im Stahlbau gefordert waren, entstand ein eleganter, ruhiger Baukörper mit einer Länge von 105 m und einer Breite von 16 m.

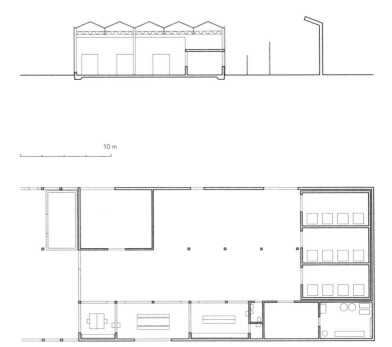

10 m

Bürogebäude, Malters
2015 (Wettbewerb 2008, 1. Rang); mit Berrel Berrel Kräutler Architekten

Das 34 ha grosse Firmengelände des Gartenbauunternehmens Hodel &
Partner liegt auf offenem Feld an der Kantonsstrasse von Littau nach
Malters. Die bisherigen Standorte von Büro, Magazin, Werkhof und
Baumschule wurden am neuen Firmenstandort zusammengefasst.

Das Bürogebäude, umgeben von der Parkanlage, präsentiert sich als
hohes tempelartiges Gartenhaus. Unter das von Säulen getragene Dach
schiebt sich ein zweigeschossiger, schmaler und lang gestreckter Büro-
körper. Dieser springt auf der gesamten Schmalseite zurück, sodass
gegen Süden ein schattenspendender Arkadenraum entsteht. Farblich
fügt sich das Gebäude optimal in die Umgebung ein. Mit der offenen,
vertikalen Holzschalung in braungrau und dem dahinterliegenden Fas-
sadenpapier in orange verändert sich der Ausdruck des Baukörpers je
nach Betrachtungswinkel, Abstand zum Gebäude und Sonnenstand
stark.

Für die Gartenbauer als Bauherrschaft kam nur ein ökologischer und
energieeffizienter Holzbau infrage. Die Verwendung der Materialien
steht in direktem Bezug zur Unternehmung. Neben dem äusseren Erscheinungsbild in Holz wurden auch im Innern die Materialien gezielt in
einer rohen Ausführung eingesetzt. So wurden die Brettstapeldecken
und die mit OSB-Platten beplankten Wände lediglich lasiert und der
gegossene Boden möglichst roh belassen. Die klare Gebäudestruktur
und die schlichte Materialisierung führen zu einem einprägsamen Gesamt-
bild des Gebäudes im Gartenpark.

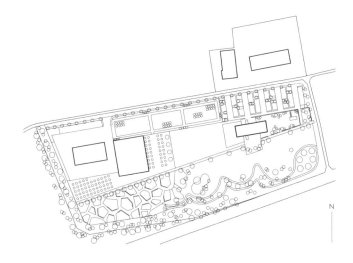

N

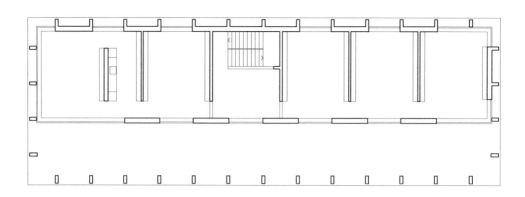

5 m

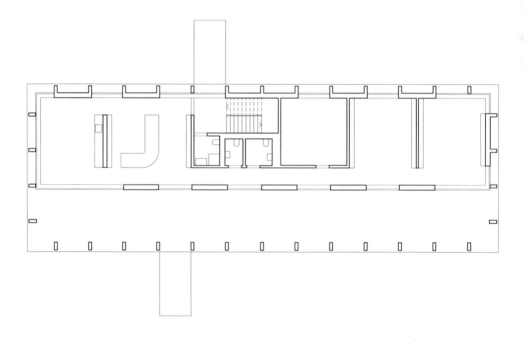

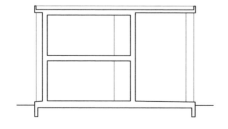

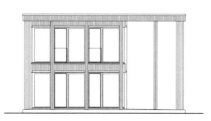

38

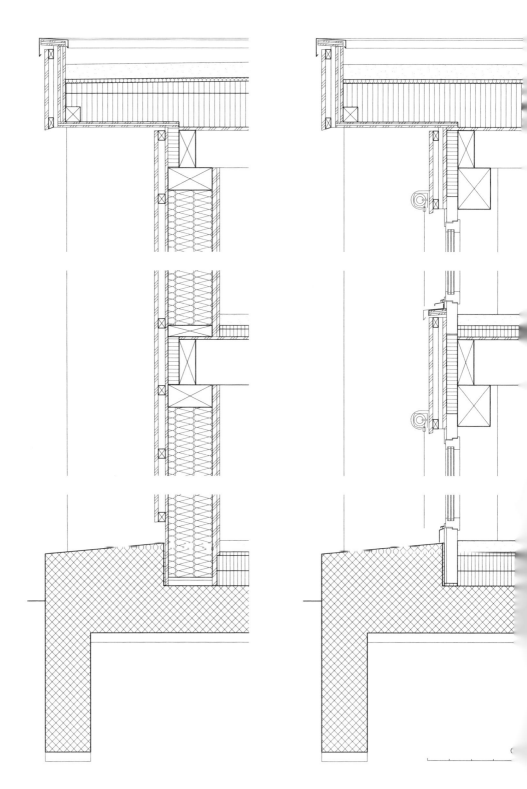

Werkverzeichnis

Auswahl Bauten, Projekte und Wettbewerbe

2003		Wettbewerb Europan 7, Innsbruck [I]
		Wettbewerb Umbau Kleinerhaus, Egliswil (2. Rang)
2004		Einfamilienhaus, Teufenthal
2005		Wettbewerb Alterszentrum obere Mühle, Lenzburg (2. Stufe) [I]
		Wettbewerb Sport- und Gerätehaus, Seengen (2. Rang) [I]
2006		Wettbewerb Feuerwehrstützpunkt Forsthaus West, Bern [II]
2007		Wettbewerb Polizeigebäude, Seengen [II]
2008		Einfamilienhaus, Boniswil
		Produktionsgebäude Alesa, Seengen [III]
2009		Gewächshaus mit Verarbeitungshalle (JVA), Lenzburg
		Wettbewerb Schulhaus Mühlematt, Lenzburg (2. Rang) [II + V]
2010		Wettbewerb Bären, Seengen (2. Rang) [V]
		Wettbewerb Bärtschi, Dürrenäsch (2. Rang) [III]
2011	1	Wettbewerb Wohnbauten, Laufenburg (2. Rang)
	2	Studienauftrag Ersatzneubauten Balgrist, Zürich (2. Rang) [V]
2012		Wettbewerb WUEB, Würenlingen (2. Rang)
	3	Wettbewerb Wohnen 16plus, Lenzburg (2. Rang) [VI]
		Wettbewerb Aufstockung Gewerbebau, Lenzburg (1. Rang)
	4	Wettbewerb Hornerfeld West, Lenzburg (3. Rang) [VI]
2013		Wohnüberbauung Widmi Baufeld 1, Lenzburg (Wettbewerb 2009, 1. Rang) [VII]
	5	Wettbewerb Arealentwicklung, Brugg [IV]
	6	Wettbewerb Wohnüberbauung und Gewerbebau, Staufen (2. Rang) [VI]
	7	Studie Arealentwicklung SWL Energie, SBL und Forstdienst, Lenzburg (1. Rang)
2014		Mehrfamilienhaus, Lenzburg
		Alte Malerei (JVA), Lenzburg [VIII]
2015	8	Wettbewerb Malagarain, Lenzburg (1. Rang) [V]
		Bürogebäude, Malters (Wettbewerb 2008, 1. Rang) [II]
2016		Sanierung Justizvollzugsanstalt (JVA), Lenzburg [VIII]

I mit Raphael Kräutler, Zürich   II mit Berrel Berrel Kräutler Architekten, Zürich
III Bauprojekt mit archimetra, Beinwil   IV mit Tschudin und Urech, Brugg
V mit Herzog Architekten, Zürich   VI mit Jaeger Maffeo Architekten, Winkel
VII Realisierung mit Gross GU, Brugg   VIII mit Baumann Waser Partner, Lenzburg

1

2

3

4

5

6

7

8

	André Meier
1972	Geboren in Seengen
1988–1992	Hochbauzeichnerlehre bei R. Weber Architekten, Beinwil am See
1992–1993	Mitarbeit bei Tschudin & Urech, Windisch
1993–1996	Architekturstudium HTL Brugg-Windisch
1996–1998	Projektleiter bei Trix und Prof. Robert Haussmann, Zürich
1996	Tutor an der BSPA Minsk, Weissrussland
1997–1998	Assistent an der ETH Zürich bei Trix Haussmann
1998–2002	Architekturstudium ETH Zürich und Accademia di Mendrisio
2002–2003	Mitarbeit bei Birchmeier Kaufmann, Zürich und Weber Architekten, Beinwil am See
2003	Gründung von am-architektur, Lenzburg (seit 2009 GmbH) und Einzelmitglied SIA, Sektion Aargau
2004–	Lehrbeauftragter an der Berufsschule Aarau
2005–	Co-Autor LM-A LernMedien-Architektur GmbH
2010	Ausbildung zum Berufsbilder für Lehrbetriebe

Mitarbeiter 2003–2016	Maria Abadia, Anika Bühler, Fabian Dietwyler, Regina Enguix, André Fretz, Dominic Gautschi, Gilles Guignard, Robin Hager, Daniel Häusermann, Timo Häusermann, Roberto Hintermann, Dominique Lüthi, Bettina Meier, Andi Möhl, Andreas Müller, Melissa Regel, Emanuel Spielmann, Adrian Stolz, Andrin Taubert, Daniel Wietlisbach

Bibliografie

1997	Holzbulletin 45/1997, S. 678–679, Roter Kubus Egliswil
2000	Lignum 2000, 500 Holzbauten, Projekte Nr. 627/1080/1081/1091
2001	Hochparterre Nr. 11/2001, S. 14–15, Kasernenareal Zürich
2007	Raum und Wohnen 10/07 Oktober/November
2008	«Die neue Konstruktionslehre für den Hochbau», Hrsg. LMK
2010	2. Aufl. «Die neue Konstruktionslehre für den Hochbau», Hrsg. LMK
2011	neue Top 100 Häuser, Thomas Drexel, DVA-Verlag, S. 10–13
2014	3. Aufl. «Die neue Konstruktionslehre für den Hochbau», Hrsg. LM-A
2015	Bauen + Wirtschaft, Kanton Aargau Solothurn, S. 52–53, Verdichtetes Wohnen in Lenzburg, MFH Bahnhofstr. und WUEB Widmi Baufeld 1

Finanzielle und ideelle Unterstützung

Ein besonderer Dank gilt den Institutionen und Sponsorfirmen, deren finanzielle Unterstützung wesentlich zum Entstehen dieser Publikation beigetragen hat. Ihr kulturelles Engagement ermöglicht ein fruchtbares Zusammenwirken von Baukultur, öffentlicher Hand, privater Förderung und Bauwirtschaft.

ERNST GÖHNER STIFTUNG

Alpsteg Fenster AG,
Lenzburg

AMS Austrocknungs AG,
Langenthal

Bafento AG, Gebenstorf

Bossert Maler Gipser AG,
Othmarsingen

Bucher + Joho AG, Boswil

Electrolux AG, Zürich

Gross Generalunter-
nehmung AG, Brugg

Hager Bau Dienstleis-
tungen, Reinach AG

H.Iseli AG, Lenzburg

Hodel & Partner AG,
Malters

HUBI Gebäudereinigungen
AG, Möriken-Wildegg

imbodenbau AG,
Rupperswil

LM-A LernMedien-Archi-
tektur GmbH, Oerlingen

Karl Baur Treuhand,
Hunzenschwil

Karl Gisi AG, Dottikon

Kilian Friederich GmbH,
Egliswil

Max Fischer AG, Lenzburg

Meier Schmocker AG,
Dättwil

RMB AG Lenzburg,
Lenzburg

Pamo Gerüste AG, Zetzwil

qsi Engineering GmbH,
Aarau/Thun

Regent Beleuchtungs-
körper AG, Basel

Schäfer Partner AG,
Lenzburg

Schärli + Oettli AG,
Zürich

SWL ENERGIE AG,
Lenzburg

Quart Verlag Luzern

Anthologie – *Werkberichte junger Architekten*

*Extra sheet with translation in English (en),
French (fr) or Italian (it)

Quart Verlag GmbH, CH-6006 Luzern
books@quart.ch, www.quart.ch